कुछ दिल ने कहा

Vandana Khurana

BookLeaf
Publishing

India | USA | UK

Presentation by *BookLeaf Publishing*

Web: www.bookleafpub.com

E-mail: info@bookleafpub.com

ISBN: 9789357446181

First edition 2022

मेरे माता पिता डॉक्टर धर्मेंद्र नाथ सरीन एवं श्रीमती राजरानी

एवं

विश्व के सभी परिवारों को समर्पित जिन्होंने गत वर्ष कोविड 2019 में अपने प्रिय जनों को खोया है।

ACKNOWLEDGEMENT

हृदय की गहराइयों से अपने परिवार के सभी सदस्य एवं मित्रों का आभार जिन्होंने जीवन पथ पर हमेशा आगे बढ़ने की प्रेरणा दी।

PREFACE

२०२० वर्ष कोविड-19 और लॉकडाउन के चलते संसार के सभी देशों में बहुत मार्मिक और अत्यंत संवेदनशील घटनाएं घटी और हम सब ने कुछ ना कुछ इन महीनों में खोया। मुझे भी अटूट रिश्तो को खोने का दर्द और उन तक ना पहुंच पाने की बंदिश से काफी हृदयाघात हुआ। इन परिस्थितियों में प्रकृति से जुड़ाव से जीवन दर्शन को एक नयी दिशा मिली। शब्द जो कह ना सके वह लिखित रूप में कविताओं के माध्यम से अपनी बात कह रहे हैं। कविता और लेखन के माध्यम से स्वाध्याय और आंतरिक मनोबल मिला जिससे हर विपदा से टकराकर ऊपर उठ जाने की प्रेरणा मिली।

'कुछ दिल ने कहा' में संग्रहित कविताओं में मैंने बहुत गहनता से अपने कुछ भाव प्रस्तुत करने का प्रयास किया है। अपने जीवन अनुभव के आधार पर इन कविताओं के विभिन्न रंगों को एक गुलदस्ते की तरह सजाया है ।

छुईमुई से कुछ रंग प्रेम के, बिरहा, रिश्तो की रश्मिया बिखेरते, देश भक्ति एवं हमारे पारंपरिक त्यौहारों से जुड़े हैं। आशा है आप सब इन लम्हों से जुड़ सकेंगे। इस सफर में मेरे जीवन साथी डॉक्टर देवेंद्र खुराना और बच्चों आरुषि, अक्षया एवं आदित्य का सहयोग अमूल्य है।

साहित्य जगत की सेवा में समर्पित ।

पंचतत्व

पंचतत्व
पंचतत्व से मैं बनी और पंचतत्व से सृष्टि
मुझ में ही शिव है बसे और मैं ही हूं शिव शक्ति

पृथ्वी से पाकर यह गुण सहनशीलता को अपनाया है
स्वार्थ को परित्याग जाना है, सब जग है,अपना , नहीं
कोई पराया है
पंचतत्व से मैं बनी और पंचतत्व से सृष्टि..

जल तत्व ने हमें शीतलता सिखलाई है
जब भी जीवन पथ पर तपिश हुई सौम्यता उभर आई
हैं
पंचतत्व से मैं बनी और पंचतत्व से सृष्टि...

अग्नि है सहायक मेरे विचारों की उड़ान की ,
प्रज्वलित है वह शक्ति मेरे मान और सम्मान की
पंचतत्व से मैं बनी और पंचतत्व से सृष्टि..

वायु है मेरी प्राण रुप की साधिनी
मन के अनंत विचारों की स्मरण वाहिनी
पंचतत्व से मैं बनी और पंचतत्व से सृष्टि..

आकाश है मुझ में इस तरह समाया हुआ
सूक्ष्म से हर कंण में सिमटा सा समाया हुआ

पंच तत्वों से मैं बनी और पंचभूत है सृष्टि
मुझ में ही शिव बसे और मैं ही हूं शिव शक्ति।

वंदना खुराना

खुद को संवारा तो सब जग संवर गया है

खुद को संवारा तो सब जग संवर गया है
वक्त मेरी स्याह रातों को सुनहरी सहर कर गया है।
सब को निखारने संभालने में में यू समय गुजर गया
मालूम नहीं कभ यह मन वक्त की परतो पर ठहर
गया
खुद को संवारा तो
बार बार इस दिल का टूटना और आदतन समेट के
आगे बढ़ जाना
इस रिवायत को आज बंदीशे नजर कर दिया है
खुद को संवारा ....

मुझ में ही कहीं छिपी थी मैं और मुझको ही खबर नहीं
ख्वाहिशों ने रंग भरा जो मेरा अक्स निखर गया है
खुद को संवारा......

चलो इन हौसलों को अब और बुलंद करते हैं
ऊध़ड गई थे जिंदगी जहां से वहीं पैबध करते हैं
 खुद को संवारा तो....

 ना गर हुई मुकम्मल कल यह जिंदगी तो क्यों
परेशान हो
आज ही में जी लू मैं और आज ही मेरी बुलंद पहचान
हो

खुद को संवारा तो सब जग सवर गया है
वक्त मेरी स्याह रातों को सुनहरी सहर कर गया है।

वंदना 'रूही' खुराना

कह रहा है कुछ यह तिरंगा

कह रहा है कुछ यह तिरंगा, सुन लो धर के ध्यान
विश्व भर में भारती की, है यही अमिट पहचान
कह....
सुना रहा है शौर्य और ,धैर्य का बखान
क्रांति और शांति का अनुपम, विजयपथ संग्राम
कह रहा...

रंग केसरिया में लिपटे, वीरता और स्वाभिमान है
वीर सावरकर अनंत ,जलियांवाला के बलिदान है
कह रहा...

 श्वेत रंग से विश्व शांतिदूत, की बनाई पहचान है
बुद्ध दयानंद महावीर ने दिया अहिंसा ज्ञान है
कह ....

अशोक चक्र है कर्म गति, और प्रगति का स्नेह निशान
राम कृष्ण के संस्कारों की ,पुण्य भूमि यह महान
कह ....

हरा है संजीवनी, और कृष्क का स्वाभिमान है
भव्य हिम से कन्याकुमारी, तक लहलाती मुस्कान है
 कह .....

 पाकर जन्म इस भूमि पर हम, सब बने धनवान है
इसकी गरिमा धूमिल ना हो यह, हम पर ऋण पान है
कह ....

पूर्वजों की तपोभूमि यह, सुंदर शोभयमान है
संस्कृति की ज्ञान रश्मि, करती विश्वकल्याण है
इसकी गरिमा धूमिल ना हो, हम पर यह ऋण पान है
कह रहा ....

वंदना 'रूही' खुराना

आह्वान

आह्वान

चिर प्रतीक्षा से भारत मां ने यह लाल पाया है
सदियों के गहरे घावो पर जिसने स्नेह मरहम लगाया
है।

इसकी अस्मत शान का ना होगा अब व्यापार
ज्ञान चक्षु को खोल के बैठा घर-घर चौकीदार।

कृष्ण की कर्मठता , कैलाश की ऊंचाई है
राम की अयोध्या में आज दीपावली जगमगाई है

धर्म ,अर्थ और कर्म मूल्यों से संचित नीव बनाई है
एक तपस्वी ने देश भक्ति की सौगंध फिर हमें याद
दिलाई हैं

अहो सौभाग्य कि प्रांगण में यह दीप प्रज्ज्वलित है
इसकी लौ बुझ ना जाय यह हम पर फर्ज निमित्त है ।

आओ आह्वान करें इस नई सोच के सेनानी का
जोड़कर इस संग्राम में रतन बने पेशानी का

चिर प्रतीक्षा से भारत मां ने यह लाल पाया है
सदियों के गहरे घावो पर जिसने स्नेह मरहम लगाया
है।

वंदना 'रूही' खुराना

सावन की इंद्रधनुषी रंग

सावन की इंद्रधनुषी रंग ...

सावन की इंद्रधनुषी रंग सजाना जानती हूं मैं
बनकर बूंद को पहली, धरा को भिगोना जानती हूं मैं
ओढ़ के मैं लहरिया , लेकर तीज के सब रंग
वह बिंदी चूड़ियां और मेहंदी रचाना जानती हूं मैं
सावन की इंद्रधनुषी रंग सजाना जानती हूं मैं
बनकर बूंद को पहली धरा को भिगोना जानती हूं मैं

घेवर मालपुए है, और बने आम रस के
 मिष्ठान
खिलाकर प्यार से सबको, दिल में बस जाना जानती
हूं मैं
सावन की इंद्रधनुषी रंग सजाना जानती हूं मैं ...

वो पीड़ा राधा के मन की, वो बिरहा नीर दुल्हन के
के बनके गीत कान्हा के , बहलाना जानती हूं मैं
सावन की इंद्रधनुषी रंग सजाना जानती हूं मैं ....

हो कांवरिया का गंगाजल या जन्म हो बाल गोपाला
का
भक्ति के लेकर गहरे रंग , दिलों को रंग जाना
जानती हूं मैं
सावन की इंद्रधनुषी रंग सजाना जानती हूं मैं ...

धरा की प्यास है बुझती कृषक की आस है जगती
सावन की मंद फुहारों सी डाइस बधाना जानती हूं मैं
सावन की इंद्रधनुषी रंग सजाना जानती हूं मैं ....

मेलो पर छाई है रौनके झूलो पर झूलती खुशियां
योवन के रंग ये प्यारे, पिरोना जानती हूं मैं
सावन की इंद्रधनुषी रंग सजाना जानती हूं मैं ....

वंदना 'रूही' खुराना

मेरे बाबा मेरे रहबर

मेरे बाबा मेरे रहबर

जन्म एक बिटिया का शायद बना था अमावस का
गहरा अंधियारा
तभी बाबा ने आकर प्रेम से गोद में उठाकर था यह
पुकारा
खुशियां मनाओ दीप जलाओ मेरे घर स्वयं लक्ष्मी
आई हैं
फिर अमावस बन गई पूनम और गूंजी एक हर्षित
शहनाई है

पापा कि मैं लाडली मान शान और स्वाभिमान थी
उनके प्रेम पर निर्मित मेरी भी , हौसलों की ऊंची
उड़ान थी

बाबा प्रेरणा स्रोत है मेरे जीवन स्वाध्याय , और श्रम
संधान की
हर विपत्ति से टकराने कि हिम्मत , और अटल स्नेह
मुस्कान की

कर्म और धर्म के असल मूल्य से मेरी पहचान कराई
हर मानव में ईश्वर है यह शुद्ध संस्कार की नींव
बनवाई
चलकर खुद सच्चाई के मार्ग पर हमें आदर्श सिखाए हैं
त्याग और सेवा से जीवन सफल बनाने के संस्कार
दिलाएं हैं

जब भी जीवन पथ की कठिनाईयों के अंधेरे में घिर
जाति हूं
उसी अमावस की रात को याद कर
आपके स्नेह आशीष का दिया प्रज्वलित कर लेती हूं
और आगे बढ़ने की हिम्मत पाकर हर्ष की वह शहनाई
पुन्हा गुंजित कर लेती हूं।
आपकी आशीष का दिया प्रज्वलित कर लेती हूं

मेरे बाबा मेरे रहबर

वंदना 'रूही' खुराना

उम्मीद का सफर

उम्मीद का सफर

उनको देखा है करीब से हमने आज जमाने के बाद
सदियों सा फासला था मगर चल रहे थे साथ-साथ

कितनी बातें छिपी हैं कितनी आहें दबी हैं
कितने चेहरे हैं इस एक चेहरे के आसपास

कौन हो तुम ना जान पाई हूं अब तक
चल रही हूं मगर रात दिन साथ साथ

अजनबी कौन है राही, रास्ते , मोड या मंजिलें
ढूंढती हूं यह सारे उत्तर अपने प्रश्नों के साथ साथ

आज मुद्दत के बाद दिल ने यह फैसला किया
आंसू, जज्बात, बेमोल है , इस दौर के साथ साथ

जिन दियो से रोशनी की उम्मीद थी हमको
जमाने की हवाये उनको भी ले डूबी हैं अपने साथ साथ

आज भी दहलीज पर निगाहें बिछी है, उसके इंतजार
में
 जल रही है ख्वाहिश और उम्मीद साथ साथ ।

वंदना 'रूही' खुराना

कारगिल: विनम्र श्रद्धांजलि

बर्फीले दयार है
और सेंध लगाए बैठा स्यैआर है
लेकिन जोशीला खून लिए
मेरा शेर वीर रोधने को तैयार है
नहीं डराती साईंचिन की यह लहू जमाती ठंड
 नहीं बांधती राहें मेरी यह बर्फीली पवन प्रचंड

खून से तरबतर हूं पर होठों पर मुस्कान लिये
तिरंगा को समर्पित हूं मै, तन मन और जान लिए
तुम्हें अगर है इश्क वतन से एक आश्वासन दे देना
सरहद मैं संभालूंगा, तुम घर का आंगन संभाल लेना
मिटकर भी सरहदों पर मेरी अनमिट पहचान है
तुमको अपना वादा याद दिलाता, अमर ज्योति मे हर
जवान है
शहादत के मेलों पर जब तुम, सज धज के आना
अपना वचन निभा रहे हो यह श्रद्धांजलि भी मुझे सुनाना
यही सकून होगा मेरा मेरी शहादत के बाद
देश मेरा खुशहाल है शाद और आबाद
शहादत के मेलों पर जब तुम, सज धज के आना
अपना वचन निभा रहे हो यह श्रद्धांजलि भी मुझे सुनाना
बर्फीले दयार है
 और सेंध लगाए बैठा स्यैआर है
लेकिन जोशीला खून लिए
 मेरा शेर वीर रोधने को तैयार है
वंदना 'रूही' खुराना

अंतर्मन की होली

अंतर्मन
उल्लास से मना रहे हैं हम होली का पर्व
पर क्या किया है अंतर्मन का भी विश्लेषण ?
हर्षित हो कर रहे हैं होलिका का दहन
क्या जलाया है मन का द्वेष और जलन

क्या हृदय की गहराइयों से अपनाया है
सद्भावना का रंग
करके मदद औरो की बदला है जीने का ढंग

आदर करें सब रंगों का, नहीं भेदभाव से अच्छा या बुरा
कोई रंग
 सेवा, समर्पण, प्रेम और विश्वास को रंग दे चले अपने संग

वह जो अदृश्य है मगर रहता है अंग संग
जिसके कृपा से मिलती मेरे हौसलों को नव उमंग
ऐसा चढ़ा है उसका मुझ पर यह अटूट रंग
बांटू खुशियां , समझु पतझड़ को भी बसंत

आदर करें सब रंगों का, नहीं भेदभाव से अच्छा या बुरा
कोई रंग
 सेवा, समर्पण, प्रेम और विश्वास को रंग लो अपने संग ।

उल्लास से मना रहे हैं हम होली का पर्व
पर क्या किया है अंतर्मन का भी विश्लेषण ?

वंदना 'रूही' खुराना

करोना या व्यापार -एक विकल्प

आज बाजार से निकली तो देखती हूं
तृष्णारूपी यह प्रसंग
 व्यापार है दिख रहा अस्पतालों मे
 विविध आडंबरो के संग
 लोलुपता टपक रही दवाखाने
और विक्रेता के द्वार पे
बधिरता ढक रही सभी रिश्तों की
मार्मिक पुकार को
देखती हूं मैं मंजर वही
 राशन की दुकान पर भी
जुड़े हैं इन साजिशों में
मंदिर और श्मशान भी

लो अब शामिल हो गई हूं
 नेताओं के गर्ज में
मोड़ पर बंधी पुलिस
 और प्रशासन के फर्ज में

क्या अब भी मेरे विकिरत रूप को
 आप पहचाने नहीं
मैं लोभ प्रकाष्ठा का दानव हूं
जो मानवता को निगल रही

आज बाजार से निकल रही तो
देख रही हूं मानवता का यह विकल्प
धर्म कर्म, पाप पुण्य और तृष्णा का

बदलता यह संकल्प

आज बाजार से निकली तो देखती हूं
तृष्णारूपी यह प्रसंग
 व्यापार है दिख रहा अस्पतालों मे
विविध आडंबरो के संग।

वंदना 'रूही' खुराना

मां की संपत्ति

मां की संपत्ति
मां की संपत्ति समर्पण है,
 अपने गर्भ के 9 महीनों के सिंगार से।
सर्जन में लगी रहती है अपने
 तन ,मन और संस्कार से।

निष्पक्ष स्थान देती है ,
अपनी हर संतान को कोख में
जीवन अमृत पिलाती है ,
अपनी देह के सोख से

न्योछावर वह करती ,
हरसुख अपनी संतानों पर
निर्मित होता है संजीवन,
मां के बलिदानों पर

समय के चरखी पर बुनती है ,
अपने सपनों के संस्कार
खुद बंट के भी संजो रखती है ,
 पूरा घर परिवार

मां की संपत्ति ब्रह्मांड से भी
 ऊंची सर्वस्व शिरोधार् है
हमारी सृष्टि सृजन का
वही तो सूत्रधार है
मां की संपत्ति ब्रह्मांड से
भी ऊंची सर्वस्व शिरोधार् है

वंदना 'रूही' खुरान

कमल का फूल सा भारत मां का लाडला

कीचड़ में रहकर भी
एक कमल सा है
चुनौतियां के दौर में भी
एक अमल सा है
पतंग सा स्वाधीन उड़ता
अपनी ही डोर को थामे
सजगता से द्वंदता की
बांध रखी सब लगामे

परदेस में आज लगा कंधे पर हाथ है
कोई सर पर हमारे भी साया है
व्हेंबली स्टेडियम से गूंजते राष्ट्रगान ने
लंदन को भारत से जा मिलाया है

अभय हैं, निर्भीक है यह वीर हमारा
देश के दुश्मन को घर पहुंचाता
नहीं करता वह साजिश दोबारा।

भावुक है संवेदनशील भी
दर्द मां बहनों का समझता
कई नीतियों से उनकी गरिमा
सपनों को सफल बनाता

मानवता के मूल्यों का रक्षक

धर्म और कर्म का संरक्षक
सर्वोपरि उसे अपना वतन है
वासुदेव कुटुंब को सार्थक करता
भारत माँ का यह रतन है।

वंदना 'रूही' खुराना

आजमाइश

जानती हूं वह खंजर छुपाकर
गले मिलें रहा है
फिर भी उसकी दोस्ती को
 आजमाना नहीं चाहती

जानती हूं वह खंजर छुपाकर...

खून हो बेशक मेरी
तमाम हसरतों का
उसके दामन पर मगर
कोईछींटे आनाह नहीं चाहती
जानती हूं वह खंजर छुपाकर ....

मिल जाएंगे सौदागर
दोस्ती के बाजार में
मोल अपनी दोस्ती का
मगर मैं लगाना नहीं चाहती।
जानती हूं वह खंजर छुपाकर ...

कौन खोलें रंजो गम की
पुरानी ,लंबी किताब
सच तो है कि, मैं हिसाब
 लगाना ही नहीं चाहती
जानती हूं वह खंजर छुपाकर...

मुतमय है वह मेरे चेहरे की
मुस्कुराहटों से
सिसकियों से धुले आंसू
मैं दिखाना ही नहीं चाहती

शायद मोम हो जाए
सुनकर वह मेरी बात
दिल के पिघलते लोहे को
लेकिन मैं दिखाना नहीं चाहती

जानती हूं वह खंजर छुपाकर
गले मिल रहा है
फिर भी उसकी दोस्ती को
आजमाना नहीं चाहती

वंदना 'रूही' खुराना

आस

दामन में है मेरे अथाह समुंदर भरा
 फिर भी आंखों मैं जाने किसकी प्यास है

लोग तो बहुत है आसपास
 फिर भी चाहत को किसकी   आसहै

रिश्तामे तो है प्यार बहुत
फिर भी है दिल को यह किसकीहै

रंगों से है भरा है आशियाना
फिर भी पतझड़ को बसंत की आस है

अंगारों से तपते हैं रास्ते
फिर भी जाने क्यों शीतलता का एहसास है

जब भी गिरती हूं संभल जाती हू
जाने कौन रहता थामे मुझे , मेरे आसपास है
दामन में है मेरे अथाह समुद्र भरा
फिर भी आंखों में जाने किसकी प्यास है

वंदना 'रूही' खुराना

ऐ जिंदगी

ऐ जिंदगी
ऐ जिंदगी तेरी मुझ पर एहसान बहुत है
 दिल में सिमटे अधूरे पूरे अरमान बहुत है
ऐ जिंदगी ...

चाहतों के दौर के महके बहके हुए पल बहुत है
हवाओं में घुलते महकते सपनों के महल बहुत हैं
ऐ जिंदगी...

गर्दिशों के कहर से निकले वह रंजो गम के आंसू
धड़कते दिल मे टूटे सपनों का शोरगुल बहुत है
ऐ जिंदगी...

कब की बिखर जाती इस दशते शहर मे
तूने हर मोड़ पर हमसायो से मिलाया बहुत है
ऐ जिंदगी....

वंदना 'रूही' खुराना

शृंगार

शृंगार

उनको लगता है कि मैं शृंगार नहीं करती
यह बस तसव्वर है उनका
मैं तो हर रंग के सांचे में हूं ढलती
कभी बेटी,बहन , मां, प्रियेसी, या सखी बनकर
प्यार और दुलार का नित सिंगार करती
बड़े से छोटों की बातें बिना कहे ही सुन लेती
उनको लगता है...

भाप ना जाए वो मेरी आंखों की
नमी को
चेहरे को हमेशा मुस्कान के सिंगार से ढकती
उनको लगता है मैं शृंगार नहीं करती
मां को तसल्ली देने कई बहाने बना लेती हूं
शंका ना हो किसी बात की अनेक पकवान और दावत
सजा लेती हू
गमों की अनेक साये कहकहो मैं छुपाती
उनको लगता है कि मैं शृंगार नहीं करती

वंदना 'रूही' खुराना

सोन चिरैया

सोन चिरैया ओ सोन चिरैया तुम कहां से आती हो
स्वर्णिम यह प्रकाश कैसे चारों ओर फैलाती हो

तुम्हारा दाना अब क्या डालू जब सोचती हूं
कुछ पुण्य पाप का बंदनवार कांटती बांधती हूं

सोन चिरैया तुम कहां से आती हो ..

तुम क्या चुगोगी यह है ना जान पाऊ
मन है उलझा, मैं कैसे तुम्हें रिझाऊ

सोन चिरैया तुम कहां से आती हो ..

पांच लुटेरे लूट रहे निरंतर घर मेरा
कैसे हो भ्रमित इस रात का सवेरा

सोन चिरैया तुम कहां से आती हो ..

तुम निरंतर, अनंत डाल डाल चहचहाती हो
बताओ ना प्यारी सोन चिरैया तुम कहां से आती हो।

वंदना 'रूही' खुराना

प्रीत

तुम संग प्रीत करूं मैं ऐसे
जीवन प्राण आधार है जैसे
हृदय में भर लूं वह प्यास जगा दो
एक नया विश्वास जगा दो
सीप से उत्पन्न हो मोती जैसे
तुम संग प्रीत करूं मैं ऐसे

निर्गुण को साकार बना दो
पतझड़ को सिंगार करा दो
बिन पर के एक उड़ान हो जैसे
तुम संग प्रीत करूं मैं ऐसे

किरणों का संसार सजा दो
मन वीणा झंकार गुंजा दो
धूप के संग उजाले है जैसे
तुम संग प्रीत करूं मैं ऐसे

ओंस सी कोमल , धूप सी उज्जवल
थमी सी धरती, उड़ते हुए बादल
गाते हो मल्हार यह जैसे
तुम संग प्रीत करूं मैं ऐसे

वंदना 'रूही' खुराना

मुलाकात

मुलाकात

ना कुछ कहा ना कुछ सुना बस आंखों से ही बात हुई
बहुत दिनों के बाद आज उनसे मेरी मुलाकात हुई

उसकी नैनो की बोली सांसो में रस घोल गई
लहराते उसके आंचल से दिल की धड़कन डोल गई

फकत उसके छूने से दिल मेरा मदहोश हुआ
मस्ती के इस चाहत में मैं पूरा बेहोश हुआ

सांसों की खुशबू से रूह मेरी महक गई
मस्ती के इन लम्हों में सारी शामे चहक गई

खुले आसमान के सागर पर पायल खनकी लहरों की
खनकती लहरों के संग साजन दूरी मिटा दे पहरो की

वंदना रूही खुराना

अभिलाषा

तेरी जमी पर कुछ दाने बिखराये हैं
शायद पनप जाए फसल प्यार की

मेरी कशिश है इन बारिश की
 बूंदों की फरियाद सी
जो ढूंढती है तेरी ही जमीन
फलक पर पहुंचने की बाद भी

आंखों से दिल तक कुछ ख्वाब पिघलते हैं
अरमानों के यह मौसम हर रोज रंग बदलते हैं
सदियों के वादे कहां चाहे यह दिल
कुछ लम्हे ही भर देंगे प्यार मुकम्म्ल

तेरी जमी पर कुछ दाने बिखराये हैं
शायद पनप जाए फसल प्यार की

वंदना 'रूही' खुराना

दर्द का सफर

जब जले वह खत मेरे
दर्द धुऐ ने बयान किया
राख पर कहानियां छूट गई
जिंदगी ने फिर पलायन किया

लफ्जों में वह दम कहां था
जो खामोशियां निशानियां छोड़ गयी
जिन्हें बनाने में सदियां लगी
कुछ पल में सब वे तोड़ गई

इतनी दीवारें ना बना दिल के दयार में
अगर वह लौटा तो कैसे रास्ते र अपनाऐगा

पत्थर का सनम, मुझे कहने वाले
 दिल का मोम तुमने कभी छू कर देखा ही नहीं
किनारों से फलसफा करने वाले मुसाफिर
तूने मेरी गहराई का समंदर कभी देखा ही नहीं

जब जले वह खत मेरे दर्द धुए ने बयां किया

वंदना 'रूही' खुराना